21 DIAS DE LUTA

Título original:
21 Dias de Luta

Autor:
Urbano Tavares Rodrigues

Capa: Edições Almedina
Na capa: O 25 de Abril de 1974 no Largo do Carmo

Na contracapa: fotografia de Urbano Tavares Rodrigues, 6 de fevereiro de 2000.
Fotografia © Ulf Andersen/Getty Images

Biblioteca Nacional de Portugal – Catalogação na Publicação

RODRIGUES, Urbano Tavares, 1923-2013

21 dias de luta
ISBN 978-989-8866-53-0

CDU 929 Rodrigues, Urbano Tavares

Depósito Legal n.º 454364/19

Paginação:
Aresta Criativa – Artes Gráficas

Impressão e acabamento:
Papelmunde

para
Minotauro
Abril de 2019

MINOTAURO, uma chancela de Edições Almedina, S.A.
Avenida Engenheiro Arantes e Oliveira, 11 – 3.º C - 1900-221 Lisboa / Portugal

21 DIAS DE LUTA

URBANO TAVARES RODRIGUES

MINOTAURO

ÍNDICE

I – VINTE E UM DIAS DE LUTA

II – HUNGRIA: A ALEGRIA DISCIPLINADA NUMA SOCIEDADE NOVA

III – ALFONSO SASTRE

IV – PEDRO SOARES

I

VINTE E UM DIAS DE LUTA

VINTE E UM DIAS DE LUTA

Tanta coisa para dizer! Tanta que me sufoca...

A minha participação como candidato do Partido Comunista Português nas eleições para a Constituinte tinha forçosamente de comprometer a minha saúde já abalada por um ano de esforço intenso (e de emoções constantes). Seria um dos preços da luta – e eis-me, de facto, no limiar do esgotamento nervoso.

A campanha que vivi, tão diversa das de 1969 e de 1973, em que igualmente participei, contra o regime fascista, teve muito de comum, diga-se o que se disser, com essas pelejas ora amargas ora (até porque então já contávamos com a burla e queríamos apenas abrir os olhos ao País) duramente triunfais. De resto, nunca o PCP apontou, tal como dessas vezes, embora jogando lisamente o jogo da prática democrática eleitoral, numa direção eleitoralista. Conhecemos por de mais – e isto não implica menos respeito pelo camponês despolitizado, transformado durante séculos pelos senhores da terra e da cidade em bicho semisselvagem, criatura infeliz votada de nascença a puxar a nora, passe a imagem –, conhecemos por de mais, dizia, o estado de abulia, suspeição e lógica permeabilidade à propaganda reacionária das populações rurais do Centro e do Nordeste.

E, contudo, foi com esses que eu estive, foi por eles que me bati, sem falar já nos ganhões alentejanos desapossados de tudo o que um homem merece desde que nasce, foi por eles que me gastei nas três semanas da campanha. Ao lado dos mais infelizes, dos mais desprezados é que estive. Mais uma vez, teimosamente, ao lado dos fracos e dos explorados. Não há sofisma que volte isto do avesso.

Por isso, agora, exausto, reconsidero que estou certo no meu posto de combate.

Conheci, é verdade, ardentes e revulsivas alegrias. Vi correr lágrimas de chumbo por faces já velhas de camponesas e camponeses de meia-idade, que vinham abraçar-me e lembrar os mortos queridos, os risos partilhados no sofrimento e na esperança. Rostos de barro, punhos cerrados, lábios macios de mulheres que me beijavam como mães e que tinham conhecido a minha mãe, a minha infância. A cintura operária de Lisboa está cheia de emigrados alentejanos.

Vivi os rituais, os momentos exaltantes da participação e da fraternidade quase absoluta, estive na imensa e tão bela festa do povo em Belém, imagem-promessa de um amanhã possível.

Marchei, com os meus camaradas, pelas avenidas de uma insólita Lisboa, rumo ao Estádio 1.º de Maio – e no dia 16 de março perguntei-me como reagiria a classe média que nos observava das janelas, raramente hostil, mas um tanto atónita, um tanto perplexa, às vezes vagamente assustada. Porquê? De quem? É claro, estou esquecendo os parasitas: esses têm a temer de nós não muita coisa mas que os obriguemos a trabalhar produtivamente.

Não vou alongar-me sobre o espetáculo da quermesse rubra da noite em que encerrámos a campanha. Ninguém que o tenha presenciado terá podido esquecê-lo.

Andei por montes e vales, por cantinas dc serviços, sociedades recreativas, praças de vilas e aldeias, falei em comícios com muitos milhares de pessoas. Guardo, naturalmente, recordações mais vivas e impressivas do diálogo travado nas sessões de esclarecimento, onde se conseguia palpar a opinião, a hesitação, a solidariedade do militante, do simpatizante, do curioso, ou o ódio do adversário.

E, a este respeito, parece-me que tenho algumas considerações importantes a fazer. Não me refiro propriamente a incidentes tragicómicos, como o do Bairro da Liberdade, onde, logo no início, foi anavalhado um companheiro nosso.

É este um pitoresco doloroso, se pensarmos que há trabalhadores iludidos, capazes de pactuarem contra nós com profissionais do crime ou com meninos burgueses delirantes, alguns dos quais sabem muito bem o que querem, ou não querem.

Considero necessário demarcar nitidamente as áreas sociais onde surgem elementos provocadores ou pseudorrevolucionários hostis ao PCP (a não confundir com partidos como o MES e a FSP, ou com grupos esquerdistas como a LUAR ou a LCI). A penetração de ideias maoístas ou «marxistas-leninistas entre parêntesis» em zonas industriais nunca chega a ser profunda, embora consiga, às vezes, captar, por um incitamento primário ao ódio entre trabalhadores de origem e situação social diferente, alguns elementos da classe operária. Acontece amiúde que esses mesmos extremistas, quando esclarecidos, através da leitura ou de uma polémica aberta e leal (e dessas experiências também as tenho), tornam-se militantes empenhados e revolucionários do PCP.

Todas as revoluções socialistas se fizeram até hoje com alianças de classes (e entre nós elas são imprescindíveis, não com os monopólios e com os latifúndios, mas com os pequenos comerciantes, industriais e agricultores). Do mesmo modo, os avanços implicam recuos (Lénine o dizia: um passo em frente, dois passos à retaguarda), para se chegar ao termo da caminhada.

Temos, portanto, que os operários que supõem situar-se à esquerda do PCP acabam eles próprios, muitas vezes, com o seu sentimento e consciência de classe, por compreender o processo. De toda a maneira, ainda quando fazem o jogo do anticomunismo, merecem-me um respeito que, salvante muito raras exceções (casos de equívoco), não tenho pelos intelectuais que os empurram para a frente. Esses confundem-se já, na terminologia antirrevolucionária que manejam, com pêpêdês, cê-dê-esses e com fascistas bacteriologicamente puros. Maçam-nos os ouvidos com termos imprecisos e ridículos como «cunhalistas» e «revisionistas».

Sempre tive um profundo amor à liberdade, que concebo como liberdade de todos (e não precisei de renunciar a esse meu culto da liberdade para ingressar num partido que por ela se bateu, contra o fascismo, ao longo de negras décadas de tortura e morte). Abomino o culto da personalidade e acredito que nenhum comunista português seja menos vulnerável a essa perversão do comunismo do que Álvaro Cunhal. Não podemos negar (e daí a tendência para o endeusamento, inevitável, por parte de algumas bases) que Cunhal é reto, inteligente, corajoso – e até artista e sensível à arte –, que é um teórico do marxismo-leninismo, que toda a sua vida, na clandestinidade e na prisão, e a sua entrega total à causa da revolução são de uma limpidez sem mácula. Pois acredito (e vejo, ou então estou cego) que ele se sente – e nada mais – um comunista como qualquer de nós, apenas com pesadas responsabilidades de decisão.

Sobre o mito do revisionismo, chamo a atenção para o facto de ele ser utilizado pacoviamente pelos que não percebem ou nada querem perceber de dialética, que se recusam a admitir que o próprio Lénine, levando à prática as teorias de Marx, as adaptou a condições concretas, que não entendem (ou preferem não entender) que entre 1917 e 1975 o mundo se transformou (ou não será na vida tudo mudança?).

De resto, o PCP sempre afirmou que a classe operária é a vanguarda da revolução.

Agora quanto ao maoísmo (já que, durante esta campanha, até me chamaram social-imperialista e eu já não sabia se os díscolos em causa eram meninos-bem de Cascais ou meninos-mal de certas escolas superiores), quanto ao maoísmo, quero declarar que não o confundo com a revolução chinesa, um dos factos históricos capitais do nosso século. O maoísmo, que, esse sim, se me afigura gravemente revisionista, ou pior do que isso, é o que fechou os portos da China e seus caminhos de ferro à ajuda soviética, ao heroico povo do Vietname em luta com o imperialismo; é o que reconhece o Chile infame de Pinochet e não reconheceu ainda a revolução portuguesa; é o que, depois da matança de comunistas no Sudão, envia quadros técnicos para Cartum; é o que manda pêsames ao general Franco quando o valente povo espanhol justiça o tirano Carrero Blanco; é o que, sabendo como o MPLA é o autêntico partido revolucionário e popular de Angola, dá o seu apoio, nem sequer muito discreto, à FNLA e ao seu suporte, o Congo Kinshasa, com os Estados Unidos por detrás.

Não vou alongar-me mais sobre esta questão nem sobre quem alimenta o divisionismo no bloco socialista, com evidente benefício para os EUA.

Voltemos à nossa campanha eleitoral, a primeira a sério, mau grado as condições de manifesto desfavor para o PCP.

Quando uma luta termina, enquanto na Terra não houver justiça – a justiça possível –, há que pensar na luta seguinte. Não me refiro às eleições legislativas, se bem que não as esqueça. Refiro-me à luta do minuto que já está decorrendo. À luta de cada segundo.

Das intervenções que fiz (e eu gosto é de escrever romances, não discursos, e a esse meu ofício retornarei em breve), aqui publico as que salvei da voragem, as palavras escritas.

Camaradas, portugueses que me leem, aqui estou sem disfarce, decerto com os erros e as virtudes que possa ter, ciente de que não há linha divisória que separe, por um critério político, os bons dos maus. O que penso é que as nossas ideias são as ideias mais corretas. Depois, numa sociedade socialista, quando lá chegarmos (alteradas as estruturas económicas, com todos os benefícios que daí hão de decorrer para os homens-escravos do ainda hoje), então, será a altura de se modificarem, bem mais facilmente, inúmeros estatutos já caducos, ou seja, o momento de cada homem poder lutar pela qualidade da vida através da sua autorrevolução.

Lisboa, 27 de abril de 1975.

Urbano Tavares Rodrigues

A REVOLUÇÃO PORTUGUESA E A ARTE

Camaradas:

O Portugal de abril de 1975 é, fora de dúvida, um País de esperança – e não só de esperança para os portugueses, como para todos os povos oprimidos, cuja marcha para a revolução é solidária e que, por isso mesmo, estão atentos, desde a vizinha Espanha às jovens nações africanas, aos deserdados da América Latina, ao longínquo Laos, à vitoriosa construção da nossa democracia avançada a caminho do socialismo.

Grandes triunfos obtivemos com a consagração da unicidade sindical, que robustece a capacidade reivindicativa das classes trabalhadoras, com a nacionalização da banca e das companhias de seguros, que vibrou um rude golpe no capitalismo monopolista, abrindo passo a uma imprescindível planificação económica desejada por todas as forças verdadeiramente democráticas. Entretanto, continuamos, nós, comunistas, a reclamar a expropriação dos latifúndios, com plena consciência da realidade portuguesa, diversa, no que se refere aos imperativos da reforma agrária, nas zonas senhoriais do Sul e nas zonas muito parceladas do Norte, onde há que fomentar o cooperativismo, de acordo com a livre vontade do povo e com os legítimos interesses dos pequenos agricultores. Porque estes são naturais aliados da classe operária, com condições de vida até mais amargas, por vezes, que as do proletariado fabril. A classe operária, aliás, já está tomando em suas mãos as alavancas das grandes transformações políticas e económicas, de acordo com a organização da sua vanguarda revolucionária, o Partido Comunista Português.

É o momento de lembrar, todavia, que subsiste neste Portugal em eufórica fase de ascenso revolucionário a vergonhosa discriminação cultural que se traduz na média de 37 por cento de analfabetos. E que os filhos dos grupos sociais ainda economicamente desfavorecidos não têm acesso à medicina preventiva nem à cultura secundária e universitária.

É urgente dar solução a problemas dessa ordem, mas seria utópico querer resolvê-los em bloco de um dia para outro, até porque o dualismo cidade/campo só se atenua e por fim se extingue com o desenvolvimento de uma nação na via socialista. Alfabetizar é, no campo da cultura, a questão prioritária. E falamos aqui em alfabetizar no sentido mais amplo da palavra, com ela querendo significar não só ensinar a ler, mas criar o gosto da leitura e politizar, para restituir ao trabalhador segregado a dignidade de homem de que a exploração capitalista o privou. Alfabetizar é, assim, também alargar os meios de comunicação social, fazer chegar a toda a parte a informação e a formação, através dos jornais, da rádio e dos livros. Criar bibliotecas, círculos de leitura e discussão crítica, circuitos de contacto cultural.

Mas a cultura, numa sociedade democrática a caminho do socialismo, não pode nem deve ser paternalista. Por isso, cumpre aos intelectuais comunistas e progressistas, escritores, jornalistas, artistas plásticos, músicos, dramaturgos, encenadores, atores, organizarem com o povo a cultura popular, criarem as estruturas dessa nova cultura. Exemplo: é possível, graças ao uso do gravador – e entre nós esse caminho foi já apontado – pôr os operários a falar (como num romance, numa epopeia, num ensaio) dos seus problemas, angústias, sonhos, pensamentos, projetos e convicções. Mais: é possível ajudar operários a escreverem as novelas-testemunho da sua existência, novelas que nenhum escritor que não tivesse sido operário poderia honesta e corretamente escrever. Levar, do mesmo modo, a pintura ao trabalhador, apoiando-o apenas no sentido de descobrir ele próprio como preencher ócios criando uma beleza que retrate a experiência do seu trabalho, esforço e glória, ou sofrimento.

Assim queremos, nós, comunistas, que o povo trabalhador conheça a arte dos que até hoje puderam criá-la e gozá-la e comece, por seu turno, a viver, além dessa participação, dessa fruição, a alegria ardente de criar ele próprio a sua arte-verdade, a sua arte-depoimento, a sua arte proletária.

E quantos escritores, músicos, escultores não existirão, adormecidos, nas camadas populares, à espera de que, com um pequeno empurrão, organizados em grupos de trabalho, os levemos a concluir que a arte é a cúpula da ciência e do trabalho, reflexão da vida – e prazer!

Para além dessa nova cultura, social, coletiva e crítica, em cujo limiar nos encontramos, terá de subsistir evidentemente, na sua máxima liberdade, a criação individual, que nós, escritores comunistas, concebemos como arte revolucionária de alta qualidade estética, mas sem negar a qualquer criador a autenticidade da sua opção.

Que faça arte fantástica, intimista, metafísica, psicologística, surrealista ou apocalíptica quem estiver para esses quadrantes voltado. A força da beleza superior consubstanciada na sondagem do ser humano e no ser da linguagem cedo ou tarde se torna evidência e tem a sua utilidade. Não serão essas as tarefas mais prementes do momento que vivemos, mas importa declarar que não somos sectários, que não confundimos o panfleto reacionário, contrário aos interesses profundos do Povo e da Revolução, com a liberdade e a verdade ilimitadas da expressão artística.

Importa-nos menos conseguir uma literatura de conteúdo social forçado do que uma espontânea literatura épica, sem prejuízo da continuidade de outras categorias estético-literárias.

Talvez em Portugal se tenha aberto, com o 25 de Abril, com o 28 de setembro, com o 11 de março, uma fase de romance épico, de pintura épica, de grande e ressoante música popular. Mas o importante é que, dentro da luta, como dentro da criação, cada qual esteja no seu lugar. Isto significa o não à mistificação e ao farisaísmo, o sim à verdade, à invenção, ao amor e ao humor, à generosidade, à fraternidade, ao triunfo da Revolução.

Podemos ter amanhã um País de homens livres. O Socialismo é a liberdade. Podemos ter amanhã, tê-lo-emos, um País de homens que se olhem nos olhos sem temor e sem falsos respeitos, com o orgulho da sua produção, seja a de um operário, de um camponês, de um intelectual, criadores de riqueza, de um oficial, de um soldado ou de um marinheiro, guardiões da Revolução, de um artista, criador de palavras ou de formas que também enriquecem a vida de todos nós.

Por esse mundo justo, livre e belo, camaradas, estamos lutando nesta hora, como lutámos na noite do fascismo.

Pela construção da Democracia, para chegarmos à sociedade sem classes, unamos todos nós os nossos braços. É cerrar fileiras e avançar, com serenidade e arrojo.

Viva o MFA!
Viva a Revolução Portuguesa!
Viva a instauração do Socialismo em Portugal!
Viva o Partido Comunista Português!

(Intervenção no Pavilhão dos Desportos em 4-4-1975.)

JÁ À VISTA A DERROCADA DOS MONOPÓLIOS

Camaradas:

A Campanha Eleitoral, as eleições finalmente livres pelas quais nós, comunistas, nos batemos sob a tirania fascista, nós os que realmente lutámos na vida de todos os dias, na prisão, na clandestinidade ou na semiclandestinidade e até de armas na mão, ao contrário de muitos dos que engrossam neste momento as magras hostes dos pseudorrevolucionários esquerdistas (onde, note-se, também pode haver pessoas equivocadas politicamente), essa campanha eleitoral iniciou-se, essas eleições livres vão realizar-se e nelas estamos presentes. As posições dos pseudorrevolucionários esquerdistas não têm consistência política. São, em muitos casos, meras atitudes de despeito e vingança.

O Partido Comunista Português, única vanguarda organizada da classe operária, disputa as eleições com força e com seriedade, mesmo sabendo que em certas zonas do País o caciquismo reacionário e a influência da falsa igreja católica (chamamos falsos católicos aos que sempre estiveram e estão ao lado do poder económico), essas forças conservadoras e cheias de ódio têm impedido e impedem, até pela violência, o esclarecimento político do povo.

O Partido Comunista Português visa à construção da democracia a caminho do socialismo: a revolução democrática nacional. A nossa batalha é uma batalha realista. Não é uma batalha de palavras aventureiristas e ocas. Em cada etapa do processo revolucionário que vivemos desde o 25 de Abril, fomos o motor de arranque, na linha da firme aliança Povo-MFA.

A possibilidade da democracia burguesa, defendida pelos social-democratas, está arredada das perspetivas do futuro Portugal.

O nosso caminho é para a frente rumo à sociedade sem classes. Nós, comunistas, temos a visão do que é efetivamente revolucionário em cada momento do processo histórico. Por isso, conseguimos, o povo português que nos apoia o conseguiu, derrubar a banca privada e obter a nacionalização das companhias de seguros, e temos à vista a derrocada dos monopólios e a reforma agrária, no respeito do princípio da terra a quem a trabalha e insistindo na expropriação dos latifúndios. É possível agora uma planificação que conduza às grandes transformações económicas e sociais desejadas pela classe operária.

Nós, comunistas, temos a honradez e a coragem de vos dizer, sem frases enganadoras, que vamos viver um período de austeridade, devido ao bloqueio económico do imperialismo, que se sente ameaçado pela perspetiva de vir a surgir em Portugal uma sociedade sem classes.

Mas tranquilizem-se, amigos, quem vai sentir com mais dureza o período de trabalho intenso que se aproxima são os parasitas. Os que sempre trabalharam, pois bem, trabalharão doravante com mais alegria e esperança e até com salários mais altos, dentro da escala de aumentos que a situação económica vier a permitir. Porque haverá melhoria de nível de vida para as classes trabalhadoras. Teremos de desenvolver a agricultura abandonada pelos grandes agrários exploradores e pelos camponeses pobres, que só na emigração encontraram uma resposta para a sua fome. Os nossos campos são ricos de potencialidades. Entreguem-se as grandes propriedades aos assalariados rurais, dividam-se os domínios senhoriais, ajudem-se os esforços dos pequenos agricultores e o País há de forçosamente prosperar.

Temos matérias extrativas que ainda desconhecemos, devido à falta de investigação científica do solo. Temos também excelentes possibilidades de criar uma importante indústria de transformação, com o apoio das matérias-primas que nos hão de vir dos países socialistas e do Terceiro Mundo e também daqueles países capitalistas que queiram e saibam respeitar o trabalho dos operários portugueses, em vez de procurarem apenas a mais-valia, que queiram e saibam respeitar o nosso direito à liberdade de escolha do nosso destino.

O Conselho Superior da Revolução é a garantia de que jamais uma constituição fascizante ou reacionária poderá sair da Assembleia Constituinte. Mas é muito positivo que demos ao País, através das percentagens eleitorais, uma imagem da nossa força. Embora, insisto, não seja esse o objetivo fundamental. Porque não somos um Partido eleitoralista. Porque a luta de classes mais profunda e autêntica não para: acabaremos com os monopólios e com os latifúndios. Instauraremos, com serena decisão, a justiça social, em vez de a comprometer com avançadas precipitadas, à maneira dos pseudorrevolucionários, cujas ações, se tivessem o apoio popular que lhes falta, só teriam como consequência levar ao recuo, talvez à catástrofe. A isso chama-se carência de visão e de maturidade política.

Depressa, sim, camaradas. Num ano caminhámos depressa. Ninguém o pode negar. Há desemprego. É verdade, não o negamos, são 200 000 desempregados, combatemos esse desemprego. E para ele encontraremos soluções. Não à toa. Com a firmeza de quem quer vencer. Propomos a unidade das forças autenticamente revolucionárias. Estamos também já a consegui-la.

Somos nós, comunistas, a alavanca das grandes transformações históricas. Somo-lo porque estamos implantados nas massas trabalhadoras. Porque somos, de facto, o Partido das massas trabalhadoras. Convosco, camaradas, unidos venceremos.

E acabará em Portugal a exploração do homem pelo homem.

Viva a aliança Povo-Forças Armadas!
Viva o Partido Comunista Português!

(Intervenção no Comício do Prior Velho em 5-4-1975.)

O PAPEL DOS INTELECTUAIS E DOS ARTISTAS NA REVOLUÇÃO EM PORTUGAL

Estamos vivendo, mais do que uma batalha eleitoral de tipo clássico, uma ampla e profunda campanha de esclarecimento e mobilização do povo português para a revolução democrática e nacional na via do socialismo.

É às massas trabalhadoras, em íntima união com a sua vanguarda organizada, o Partido Comunista Português, e com os setores progressistas, cada vez mais firmes e solidamente implantados, do MFA, é – repetimos – à classe operária e aos camponeses, e aos seus aliados naturais na luta contra os monopólios e os latifúndios, ou seja, os pequenos comerciantes e os pequenos industriais, os empregados e os intelectuais, que cabe pôr termo, através de uma luta sem tréguas, à resistência patronal, ao despotismo dos agrários, ao oportunismo dos intermediários parasitas. Só assim, com a clarividência, a coragem e a tenacidade das grandes decisões, deixaremos de ser o País subdesenvolvido, dependente e humilhado, onde muitos produzem pouco e quase não consomem, onde a minoria exploradora consome quase tudo, onde o desequilíbrio entre a exportação decrescente e a importação absurdamente excessiva tem vindo a acentuar-se e aparece agora com o tom sombrio das ameaças de tragédia, que sem o nosso constante empenho, a nossa capacidade de luta e a nossa robustecida unidade poderia tornar-se realidade.

A tempo se constituiu o Conselho Superior da Revolução, a tempo os trabalhadores sacrificados deitaram a mão ao seu destino, dispostos a governar em comum a Pátria que é sua.

A força do trabalho deixará de ser uma mercadoria, de valor definido arbitrariamente pelos senhores das grandes empresas.

Teremos de produzir muito e bem para criarmos a riqueza que a independência nacional nos exige (e contamos com o apoio dos Países Socialistas e dos Países do Terceiro Mundo para o fornecimento quer de bens de equipamento quer de matérias-primas que alimentem as nossas indústrias); a terra será em breve de quem a trabalha. A reforma agrária pela qual nos batemos não pode demorar, sob pena de atrasar o processo de salvação económica e social de Portugal.

Mas, camaradas, mesmo trabalhando muito, numa sociedade democrática a caminho do socialismo, forneceremos apenas o trabalho necessário à sua reprodução. Na sociedade capitalista monopolista, o valor criado pela força de trabalho é sempre muito superior ao salário. Num dia de intenso labor, se for eliminada uma só parte que seja do excedente de trabalho que se transforma na mais-valia, aumentaremos a produção (porque assim o exige o estado de depredação do nosso País), poderemos proceder a uma equitativa distribuição da riqueza e conquistaremos ainda alguns tempos de lazer, rumo a uma sociedade mais feliz, à qualidade da vida que o fascismo nos negou.

Para esse fim, é fundamental a íntima união de todos os trabalhadores, braçais e intelectuais. Dos operários e dos camponeses, dos técnicos, dos empregados, dos investigadores, dos planificadores.

É o saber a maior riqueza e fonte de riqueza das sociedades socialistas.

No Portugal fascista e monopolista, triste e deserta casa de penhores onde nem sequer se procedeu à pesquisa científica do solo, com vista ao conhecimento das matérias extrativas de que dispomos, onde nunca se aplicou um programa de experimentação agrícola rentável com a adequação de novas culturas aos terrenos apropriados, onde a tecnologia tinha emperrado a ponto de cavar a ruína das pescas e de tantos outros setores económicos, onde a medicina estava (e ainda continua) voltada, em grande parte, para o lucro individual e não para a saúde do povo, onde os professores universitários e os investigadores mais dotados e mais honestos, logo mais recalcitrantes, tinham de se expatriar ou eram emparedados nas masmorras da Pide, nesse Portugal agora, à beira de uma planificação que transforme profunda e radicalmente as estruturas económicas e sociais, cabe aos intelectuais um papel não isento de sacrifícios e até de renúncias, mas que orgulhosamente devemos assumir, tanto os que por essas transformações nos batemos e sofremos, como os que, mais arredados da liça política, nunca deixaram de contemplar com asco, reprovação e ironia desesperada isto que foi o reino da injustiça e da estupidez.

A física, a eletrónica, a biologia, a medicina, a agronomia, a arquitetura, o ensino vão requerer – e bem depressa – quadros preparados e exigentes – exigentes para consigo e para com os outros, como se deve ser fraternalmente numa sociedade de disciplina para a felicidade possível, numa sociedade a caminho do socialismo, onde a crítica e a autocrítica devem ser praticadas ao mesmo tempo com rigor e com generosidade, porque ambas são valores positivos da re-humanização da vida e da transformação do mundo.

A arte não aparece, à primeira vista, como aspeto prioritário de criação de riqueza. Todavia, se, obviamente, alfabetizar, em todos os sentidos (desde o sentido literal ao sentido político), é primordial num País de donos e de escravos, tracejado ainda hoje a preto e branco, com manchas de supérfluo e charcos de suor e miséria, se é imprescindível, sim, promover, em grande escala, através de uma reforma democrática do ensino, o acesso à cultura dos filhos das classes deserdadas ou menos favorecidas, reduzir o fosso tremendo que entre nós separa a cidade do campo, se é certo que essa obra cultural pode e deve absorver muito do nosso entusiasmo, tempo e vontade, tão-pouco devemos descurar as artes, sob pena de deixarmos secar nascentes de vida e beleza, agora destinadas ao prazer de todos e não só de minorias sumptuárias.

Queremos uma arquitetura nossa, original e funcional, queremos as casas para os que as constroem, esses que ou vivem em barracas ou em monstruosas cidades dormitórios, mas nada disso é impeditivo da invenção estética. Basta entendermos (e queremos que isto não fique em palavras, mas se torne verdade-ato), basta entendermos que o saber e a beleza são precisamente grandes valores e os atributos da sociedade socialista de amanhã. Porque devem sê-lo.

As estátuas virão para os edifícios públicos, para as praças e para os espaços verdes que serão de todos. Nas pinacotecas, que o povo aprenderá a visitar, em galerias que a descentralização cultural irá disseminando pelo País, surgirão, de acordo com o avanço da tecnologia, novas artes visuais, e até possivelmente muitos de nós seremos pintores e amadores de arte, escritores e leitores. Quero com isto dizer que numa sociedade socialista que saiba honrar a imaginação terá de se reduzir o fosso entre génios e não génios, desenvolver-se-ão latentes potencialidades criadoras em muitos homens, sejam eles engenheiros, professores, técnicos, operários ou agricultores. Virá, senão a sociedade maravilhosa da arte à mão de todos e de cada um, pelo menos um mundo de horas livres e de amor pela cultura em que se veja cinema e se faça cinema, em que o teatro e o desporto entrem nos hábitos e na prática social do cidadão produtor, como uma forma de enriquecimento superior da sua existência, em que haverá possivelmente, precisando o que dizia há pouco, escritores-leitores e leitores--escritores. O que não significa para nós dissolução da arte e da literatura, até porque a subjetividade, o grande talento individual que numa literatura realista se afirma e que só o trabalho oficinal afeiçoa, não deixará de surgir, com todo o seu esplendor, em meio dessa arte coletiva de uma sociedade coletivista. Simplesmente, surgirá espontâneo sem auréola. Num mundo de homens livres, ninguém será endeusado. O ofício de escritor vale o que vale o ofício de lapidador de diamantes ou de torneiro mecânico. Toda a obra bem feita tem a sua beleza específica e representa um ato de criação. Camaradas, nós, os escritores comunistas e antifascistas, tivemos (com honra e orgulho, em nome de todos o digo), tivemos um papel importante na luta pelas liberdades democráticas e pela dignidade humana, pela justiça social, sob o consulado feroz de Salazar e a corrupta comédia ditatorial de Caetano. Muitos desses escritores atravessam um momento de crise. É verdade. Mas as crises são por vezes de crescimento. E é isso o que espero que suceda connosco. Que, paralelamente, se desenvolvam em

Portugal, desde já, a cultura popular com o cunho pedagógico e a clareza meridiana que não pode deixar de ter, e a cultura para amanhã, a mais legitimamente ambiciosa das culturas, a que se destina à sociedade sem classes.

Camaradas, viva o renascimento da nossa Pátria em união com todos os povos oprimidos do Mundo!

Viva a revolução democrática e Nacional na aliança do Povo com o MFA!

Viva o Partido Comunista Português!

(Intervenção na Conferência de Intelectuais do PCP em Coimbra em 10-4-1975.)

APÓS AS NACIONALIZAÇÕES

Amigos e Camaradas:

Deram-se nos últimos dias em Portugal passos muito importantes e, nalguns casos, já mesmo irreversíveis, para a construção em Portugal de uma sociedade socialista. Estaremos ainda – estamos de facto – apenas numa fase de transformação, mas de transformação acelerada, que permite os maiores avanços e as mais límpidas esperanças, se as classes trabalhadoras souberem manter e robustecer a aliança com o MFA e desmantelar o que resta dos monopólios, já privados do poder político. A grande manifestação de regozijo que inundou ruas e praças de Lisboa, concentrando-se em São Bento, foi prova insofismável da coesão dos trabalhadores e da sua força.

O Partido Comunista Português, vanguarda organizada da classe operária, há muitos anos que luta pela desagregação do capitalismo monopolista de Estado em Portugal e procura, com a participação ativa dos trabalhadores, criar uma nova sociedade portuguesa, livre, justa, independente, de acordo com as linhas mestras da revolução democrática e nacional, visando a levantar o futuro País de todos, estruturado segundo as regras do socialismo científico marxista-leninista e no respeito e consideração das condições particulares, objetivas e subjetivas, da nossa Pátria, da sensibilidade, das aspirações, do profundo desejo de autêntica liberdade dos cidadãos portugueses criadores de riqueza, aptos para a construção socialista do trabalho (não da ilusória liberdade burguesa ou da liberdade metafísica para gozo de minorias parasitárias ou privilegiadas).

Camaradas,

É verdade – sempre nós, comunistas, o afirmámos –, é verdade que a liberdade se conquista. E – pergunto-vos – não serão conquista de todos nós, trabalhadores, da nossa batalha persistente, da nossa unidade cada vez mais robusta, as decisões agora tomadas pelo Governo Provisório quanto às nacionalizações em setores básicos da indústria, como a Siderurgia Nacional, a caminho – esperemos – de outras nacionalizações fundamentais, no campo dos cimentos, dos adubos, da petroquímica, dos produtos farmacêuticos, das cervejas?

Sim, amigos, estas medidas solenemente anunciadas ao País pelo primeiro-ministro brigadeiro Vasco Gonçalves e por vários ministros, entre os quais o nosso camarada Álvaro Veiga de Oliveira – refiro-me à nacionalização das Companhias de combustíveis Sacor, Sonap, Cidla, Petrosul, Soponata (machadada tremenda nos monopólios), a nacionalização de catorze empresas de transporte e distribuição de energia elétrica, e já com outras nacionalizações à vista e em estudo –, que são essas medidas, em última análise, senão a definição cada vez mais clara da via socialista, o fruto enfim maduro do nosso sofrimento e do nosso combate no esclarecimento dos camaradas, dos simpatizantes, de todos os trabalhadores portugueses? Porque foi nas empresas, nos sindicatos, nas comissões de trabalhadores, que se travou a grande batalha, cujos resultados agora o mundo inteiro contempla; foi aí, no esforço incessante das células comunistas, como no esforço honrado de tantos trabalhadores que antes do 25 de Abril desconheciam ainda o sentido da palavra política, da palavra democracia, foi aí, camaradas, que começámos a vencer, que dia a dia caminhamos para a vitória final.

A vitória é nossa, é vossa. Não obtivemos tudo, nem seria possível. Vamos a caminho. Os trabalhadores compreenderam que podem organizar-se e viver melhor e com mais liberdade e alegria sem exploradores, sem intermediários, sem parasitas. É essa a grande lição a tirar das nacionalizações já efetuadas. Estamos em luta contra os monopólios desde o tempo de pedra, que foi o do fascismo, desde a aurora de abril, desde as madrugadas sombrias de setembro. Vencemos no 11 de março. Vencemos hora a hora, minuto a minuto, nos nossos postos de trabalho, nos nossos postos de ataque, de arrancada corajosa e teimosa para a justiça que a todos há de contemplar. Nacionalizam-se os caminhos de ferro, as companhias de navegação, a TAP. Conseguiremos (porque essa é também a nossa linha e a nossa luta) a prioridade dos transportes coletivos sobre os transportes privados.

Amigos, camaradas, o governo decide – e em boa hora se determina pela via socialista –, mas quem faz avançar o processo histórico são as massas trabalhadoras, somos nós, comunistas, e as outras forças democráticas consequentes e realistas, sem verbalismos utópicos e sanguinários, somos nós convosco quem leva à prática a revolução, nas suas várias, sucessivas e imprescindíveis etapas.

Só os trabalhadores portugueses, com a vanguarda da classe operária, o PCP à cabeça da autêntica luta de classes nos momentos próprios e asados, definirão o modelo da revolução portuguesa, no mais amplo respeito das liberdades democráticas e da independência nacional.

São factos consoladores, em meio da crise que atinge toda a Europa capitalista e naturalmente o nosso País, duramente flagelado pelo desemprego e onde tanta desigualdade ainda subsiste, tanta gente marginalizada, tantos camponeses e operários ainda sem autênticos direitos, sem liberdade económica, tal como os seus filhos, quem sabe se os melhores, os mais aptos para a construção do amanhã, sem acesso à saúde, ao trabalho e à cultura, pois bem, são mesmo assim factos um pouco consoladores a diminuição da pressão inflacionista, o subsídio de desemprego (por irrisório que seja) e o aumento das colheitas nos campos de Portugal.

Porque desde que os assalariados rurais e os camponeses pobres começaram a cultivar as terras votadas ao abandono pelos grandes agrários egoístas, ociosos e incompetentes, o solo desentranha-se em primores, a terra de sequeiro ou de regadio responde ao gesto fecundo de quem semeia. Será essa, é essa uma das nossas grandes campanhas. Dos nossos triunfos. E nem vai a meio. E não para.

Alguma coisa, muita coisa mesmo, o Governo Provisório planeia, com critério, a curto e a médio prazo. Vão ser expropriadas no Alentejo e no Sul do Ribatejo as herdades de sequeiro de superfície superior a 500 hectares e as propriedades de regadio com mais de 50 hectares. É já importante. Mas não nos basta. Queremos entregar a terra a quem a trabalha. A Reforma Agrária que o Governo Provisório anuncia traz muito de positivo. Mas é ainda insuficiente. Há que levar mais longe e mais fundo a expropriação dos latifúndios e só a ação do povo unido, do povo que é mesmo povo, é que o há de conseguir, sem violências desnecessárias, impondo-se pela força da razão e da justiça.

Decerto que vem a tempo o acesso ao crédito e o apoio agora facultado aos pequenos e médios proprietários.

Os latifúndios não existem só no Alentejo e as cooperativas terão de surgir em toda a parte, mas pela livre iniciativa dos autênticos agricultores, pela sua compreensão do que vale a conjunção de esforços. A associação no trabalho.

Vai o governo (já o tornou público) fixar certos preços (do pão, da carne, do leite, das farinhas, do bacalhau), baixar outros.

Fala-se que teremos de apertar o cinto. Os parasitas é que o sentirão mais duramente. Os deserdados da nossa terra, esses, estou em crer que já poderão em breve comer e viver melhor, ou menos mal. E não os esquecemos nem por um minuto. Não prometemos a ninguém o paraíso, mas é deles a nossa luta, deles proletários, deles ainda humilhados e desconhecedores da causa que é a sua, camponeses da Beira, por exemplo, que ainda ignoram que o Partido Comunista Português luta sem tréguas há 54 anos pela sua total libertação.

O programa nacional de emprego, a criação de novos postos de trabalho permitirão atenuar a crise que temos de enfrentar, a nossa crise de vigoroso crescimento, rumo à revolução democrática e nacional, na via do socialismo.

Camaradas,

Viva a aliança do Povo com o MFA!
Viva Portugal!

Viva o triunfo do socialismo em todos os países oprimidos do Mundo!

Viva o Partido Comunista Português!

(Intervenção no Comício de Queluz em 17-4-1975.)

II

HUNGRIA: A ALEGRIA DISCIPLINADA NUMA SOCIEDADE NOVA

23-1-1975

PRIMEIRO CONTACTO COM BUDAPESTE

Os sindicatos húngaros, sua importância e organização

Chegámos a Budapeste numa noite evanescente, quase irreal, com nevoeiro densíssimo, luzes brilhando por entre formas vagas, algodoadas, de onde rompiam fachadas barrocas de ruas monumentais, cenários de filme fantástico. Ao rés do Danúbio, pela janela do autocarro que nos transportava desde Viena de Áustria e através da qual tínhamos visto, ou adivinhado, a paisagem muito humanizada da faixa ocidental da Hungria, apareciam-nos agora o rochedo e o «castelo» de Buda, o Bastião dos Pescadores, a estátua da liberdade, a romântica ilha Margarida, próximo da ponte Arpad...

O aeroporto de Budapeste estava fechado havia dois dias. Por algumas horas, abriram-se mil metros de visibilidade na pista, mas deu-se um acidente, o tempo piorou, todos os voos foram cancelados. Tínhamos já descolado de Zurique: em Viena aguardava--nos o autocarro, com música húngara, alguns sorrisos asiáticos de olhos claros (não existe um tipo magiar, encontra-se, sim, por todo o lado, passada a fronteira, uma simpatia bem característica, amável sem servilismo, curiosa do estrangeiro, uma vontade manifesta de dar a conhecer a pátria de que o húngaro se orgulha).

Placa giratória da Europa Central, com um passado cultural e uma tradição de luta operária muito ricos, a Hungria, em 1919 (após algumas insurreições camponesas contra os grandes feudais e batalhas do proletariado, como a quinta-feira vermelha de 23 de maio de 1912), viveu a sua primeira revolução socialista, a república dos concelhos, ou sovietes, também chamada Béla Kun, na sequência da revolução democrática iniciada pela sublevação da rosa de outubro. Foi, porém, de curta duração (133 dias) essa experiência de Governo comunista, a que sucedeu o terror branco (5000 pessoas mortas e 70 000 encarceradas em poucos meses). O contra-almirante Horthy fez-se eleger regente do reino e encabeçou a reação na Hungria, perseguiu ferozmente o Partido Comunista; em abril de 1941, deu a ordem de invasão da Jugoslávia e em junho do mesmo ano, ao lado da Alemanha nazi, declarou guerra à União Soviética.

Após a libertação, o país estava em ruínas e só uma ampla coligação de esforços podia promover a democratização, a luta contra o fascismo, a reforma agrária, a nacionalização das indústrias básicas e das fontes de energia. Formou-se então a Frente Popular Patriótica ou Frente Nacional Húngara da Independência, que ainda hoje se mantém, que cumpriu na hora da libertação e cumpre de novo, desde a contrarrevolução de 1956, um papel de unidade, de análise construtiva e dinâmica, de politização das massas.

Como é sabido, cometeram-se na Hungria erros graves, de 1948 a 1956, ou por se querer avançar demasiado depressa, queimando etapas necessárias, ou por erros de perspetiva económica e política, que engendraram descontentamentos e desencadearam intoleráveis formas de repressão. Felizmente, com János Kádár, que esteve preso durante a ditadura personalista de Rákóczi, a Hungria encontrou o seu rumo, desenvolveu-se, humanizou-se, adquiriu uma autêntica liberdade, aquela que a todos beneficia e não só às classes privilegiadas dos regimes burgueses parlamentares. Já em 1970 a propriedade socialista dos meios de produção era absoluta, com 69 por cento do rendimento nacional proveniente do setor estatal e 25 por cento das cooperativas agrícolas, quatro por cento de outros setores socializados, reduzindo-se o quociente da iniciativa privada a aproximadamente dois por cento.

A chave do milagre húngaro é, pode dizer-se, a conjugação da reconversão industrial e da agricultura mecanizada, que assegura à população um alto nível de vida, o pleno emprego, a saúde, a cultura, a possibilidade de viver com dignidade, independência e alegria. É isso que se respira nas ruas, tão harmoniosas, de Budapeste, na doirada e luminosa cidade de Szeged, que tive ocasião de visitar, nas cooperativas, nas fábricas, nas universidades.

Éramos quatro jornalistas portugueses, unidos por laços de amizade e por vivências comuns do tempo da resistência antifascista: a Helena Neves, do *Avante*!, o Figueiredo Filipe (*República* e *Alavanca*), o Pedro Alvim (*Diário de Lisboa*) e eu, pel'*O Século*. Na nossa primeira manhã em Budapeste, logo às nove horas, fomos recebidos por Janos Vás, membro do Secretariado e da presidência do Conselho Nacional de Sindicatos, dirigente do Departamento da Organização do Sindicato Nacional. Vale a pena dar conta de alguns passos desse encontro e das informações nele recolhidas (e depois verificadas em contacto livre com a população), devido à extrema importância do papel que os sindicatos húngaros têm desempenhado na edificação do socialismo, como partes fundamentais do mecanismo da ditadura do proletariado e como agentes de uma função específica nas relações de poder, de classe e de produção.

Os sindicatos húngaros têm três milhões, oito mil e duzentos membros. A sindicalização não é obrigatória, mas torna-se tão necessária, apesar de todos os cidadãos beneficiarem da assistência médica e da escolaridade gratuitas, que 94 por cento dos trabalhadores húngaros estão sindicalizados.

Até 1948, os sindicatos estavam organizados por profissões. Hoje, há 19 sindicatos em cada ramo da indústria, num total de 52. As principais vantagens desta nova organização são a participação geral na luta de classes e uma mais direta representatividade. Todo o membro de um sindicato tem os seus interesses e direitos juridicamente defendidos pelos seus dirigentes. Dentro dos sindicatos, por ramos industriais, subsiste, aliás, em segundo plano, a orgânica das antigas profissões. A unidade fez-se através de uma união de forças e no espaço dos sindicatos por ramo industrial criaram-se «comités» e secretariados profissionais.

Quando o trabalhador deseja obter a Segurança Social ou marcar e combinar as suas férias, dirige-se ao sindicato local, que lhe resolve esses problemas. Os membros dos sindicatos podem obter apoio monetário do seu sindicato em casos de nascimento de um filho, casamento ou morte de parentes. Uma vez por ano recebem 50 por cento de ajuda nas passagens de comboio. Quando participam nas férias, coletivas ou individuais, organizadas pelos sindicatos, só pagam a terça parte do seu custo. Os restantes dois terços são cobertos pelo Estado. Segundo a Constituição, os trabalhadores têm direito a férias anuais pagas de periodicidade variável, consoante o tipo de profissão e o número de anos de trabalho, mas que variam normalmente de 14 a 24 dias. Cada fábrica e oficina dispõe dos seus locais próprios de férias e a produtividade da empresa influi na qualidade dessas férias. Os locais são de três categorias e, sendo o salário médio do operário da ordem dos 2700 a 3000 florins (mas não se pode esquecer o salário indireto), os sindicalizados pagam, respetivamente, pelas suas férias 250, 300 ou 500 florins.

No próximo capítulo falaremos ainda das funções dos sindicatos húngaros, seus corpos eleitorais, competição do trabalho socialista, incentivos morais e materiais.

PARTICIPAÇÃO DOS TRABALHADORES NA CONSTRUÇÃO DO SOCIALISMO

Budapeste: a alegria de viver, a organização coletiva da vida que respeita a individualidade de cada um, os seus gostos e preferências; a importância crescente dos centros científicos e culturais; a perspetiva insólita, fabulosa, do monte Gellert, à beira do Danúbio; os jovens que passeiam nos parques de mão dada, sob este sol de janeiro tão raro na Hungria; os banhos termais turcos, as velhas ruas otomanas em declive... Falar de Budapeste, do seu encanto, do Jardim da Felicidade, do contraste entre a elegância bem conservada – e respeitada – dos *boulevards* remanescentes do império austro-húngaro e as novas zonas habitacionais, modernas e confortáveis, com a arquitetura epopeica do socialismo (bairros József Attila, Angyalföld, Zugló, Obuda, etc.), seria matéria para longas e fascinadas evocações, que o momento português, tão agudo e decisivo, não consente. Embora o confronto de civilizações seja decerto um fator de progresso, um incitamento à reflexão.

Os jornalistas húngaros regozijam-se por a sua Imprensa não estar sujeita a censura. A rádio é de excelente nível, a televisão tem bons programas formativos, políticos e musicais e chega, naturalmente, ao acontecimento antes dos periódicos, razão pela qual estes são mais de opinião e participação crítica do que de corrida à reportagem.

Num colóquio informal com os nossos camaradas húngaros, na Associação dos Jornalistas, pudemos verificar (para além do facto de alguns falarem português) o impressionante interesse que existe na Hungria por tudo o que respeita ao Portugal de depois do 25 de Abril e a admiração com que é encarada a autenticidade da via portuguesa para a descolonização.

O Governo e o Partido Socialista Operário Húngaro confiam, justificadamente, na eficácia do modelo socialista, a tal ponto que não há interferências nas emissões de rádio do Ocidente burguês, provenientes quer da Áustria quer da Alemanha Federal. Além disso, entende-se que a sociedade húngara, na fase presente da construção do socialismo, já conseguiu atingir, em tantos planos, a consecução da justiça social e assegurar aos cidadãos (a todos e não a irrisórias minorias) um tão alto nível de vida que pode suportar sem receio o confronto com as democracias capitalistas. Por isso, e até para evitar a idealização das «capitais brilhantes», como Paris ou Londres, que ainda expulsam os operários para os *ghettos* da periferia, os cidadãos húngaros viajam livremente. E só não lhes é consentida mais de uma visita de três em três anos aos países capitalistas devido à escassez de dólares que ainda há na Hungria.

Falei diretamente com alguns desses turistas, não só comunistas como católicos ou sem opiniões partidárias vincadas (fenómeno inevitável em qualquer sociedade estabilizada) e não achei um só que, depois de ter constatado a miséria, a desigualdade, a injustiça, do lado de onde lhe acenavam as tentações da indústria do sexo e da felicidade à mão de semear, não optasse, com segurança e conhecimento de causa, pelo modelo socialista da sua pátria.

De resto, se é certo que a pornografia não penetra em sociedades como a húngara, será bom não esquecer que a liberdade de ser, sob todas as formas, hoje é assegurada pela revolução húngara. Basta dizer que os jovens, de ambos os sexos, que atinjam os dezoito anos, adquirem direito a alojamento próprio, que o Estado lhes assegura, e a uma existência independente, considerando-se que chegaram à idade de constituir família.

Voltando à questão sindical, com que iniciámos estas nossas breves impressões, desejamos assinalar que os sindicatos húngaros são, sem a menor sombra de exagero, autênticas escolas de direção, de concentração de vontades, de gestão económica e de administração; em suma, escolas de comunismo, segundo a orientação leninista. Nos anos cinquenta, os dirigentes do Partido dos Trabalhadores Húngaros, partindo de um conceito político erróneo, ignoraram o papel de defesa dos interesses dos sindicatos e a valiosa tradição do movimento sindical húngaro, de tal sorte que privaram os sindicatos do cumprimento da sua função, destruindo assim os movimentos de massas. A política de apertar o cinto, sacrificando toda uma geração, tinha de falhar – e falhou, pondo em risco a própria sociedade socialista. Superado que foi esse nocivo dogmatismo, recai hoje sobre os sindicatos o papel histórico de assegurar institucionalmente, na ditadura do proletariado, a participação profunda e real da classe operária no exercício do poder.

Há eleições nos sindicatos húngaros, a partir da base, de quatro em quatro anos. Os corpos eleitorais dos sindicatos reúnem uma vez por mês. As eleições são por voto secreto e por maioria de dois terços. Neste ano haverá eleições e congressos sindicais. Doravante, porém, serão precisos 51 por cento dos votos, em vez dos dois terços anteriores.

As duas funções capitais dos sindicatos na Hungria são a representação e defesa dos direitos e interesses dos trabalhadores e a participação destes na gestão das empresas e na organização da produção, procurando-se aproveitar ao máximo a iniciativa (talento latente) de cada trabalhador.

As competições de trabalho socialista e de inventores em cada esfera profissional são definidas por leis nacionais e decretos dos sindicatos.

O socialismo húngaro baseia-se na força produtiva de cada cidadão. Em 1945, a Hungria era uma sociedade agrária subdesenvolvida e afetada ainda pelas destruições da guerra. Hoje podemos considerá-la uma sociedade de nível de desenvolvimento industrial médio. Segundo Janos Vás, membro da presidência do Conselho Nacional de Sindicatos, pretende-se atingir agora o nível das minorias privilegiadas dos países capitalistas desenvolvidos. «Devemos, de resto, segundo a nossa perspetiva histórica, ultrapassá-lo – e depressa.»

Daí o apelo que se faz aos trabalhadores no sentido da competição do trabalho socialista. O trabalho é a manifestação das capacidades produtivas humanas e a maior expressão de realização individual. «Queremos», disse-nos Janos Vás, «que o trabalhador não se interesse apenas pelo seu trabalho específico, mas pela construção de uma sociedade melhor.»

Discutimos depois o problema dos incentivos morais e materiais. Para se conseguir trabalho intenso e de qualidade são necessários ambos os estímulos: os monetários e as condecorações concedidas pelo Governo e dadas no local de trabalho.

A democratização das fábricas é autêntica na Hungria. Os trabalhadores opinam sobre a produção e sobre a organização do trabalho, bem como sobre a forma de dirigir dos diretores. Ocupam-se, assim, simultaneamente, da fábrica e da sociedade em geral.

COM OS PLANIFICADORES DA VIDA EM BUDAPESTE

Quando se cruzam as planícies da Hungria (e duas foram as rotas que percorremos: de Gyor a Budapeste e de Budapeste a Szeged, ou seja, de Ocidente para Leste e do Centro para o Sul, já em direção à fronteira da Roménia), o que salta aos olhos, para além dos acidentes da paisagem, quase sempre monótona e nua, no inverno, com vastos plainos intensamente cultivados – trigo, milho e legumes – e bordejados de álamos, de teixos, de choupos esbeltos, é o tráfego intenso, o número impressionante de fortes camiões, que de uma para outra região transportam os géneros necessários à vida e asseguram a circulação das mercadorias.

As cooperativas, por vezes, surgem muito espaçadas (pequenos núcleos habitacionais congregam cinco ou seis famílias que possuem um alto nível de vida e, apesar de uma certa solidão ou nostalgia da grande cidade, não estão desmunidas de equipamentos culturais); noutros trechos da viagem aparecem à beira da rodovia muitas casas, quer dos três padrões utilitários que foram profusamente difundidos durante o período estalinista e cuja arquitetura deixa bastante a desejar do ponto de vista estético, quer mais antigas, algumas ainda com a cruz no topo da frontaria triangular e amiúde caiadas de branco, ou então modernas, sólidas e de bom gosto, numa linha de elegante recuperação do estilo magiar. Voltando, porém, à quantidade impressionante de camiões, que, nalguns lances do percurso, tornam o tráfego moroso, importa assinalar o papel que desempenha, a par da aparelhagem eletrónica de médio calibre, a indústria dos veículos rodoviários. As fábricas Ikarus não cessam de aumentar a sua produção. A Hungria exporta autocarros, desenvolve a fabricação de papel fino (Lábatlan), de tecelagem de algodão (em Szeged havíamos de visitar uma fábrica-piloto de pronto-a-vestir). Há que encarar, aliás, numa ampla perspetiva, a alteração das estruturas da indústria, que se manifesta no crescimento dos produtos químicos, da energia elétrica e da indústria mecânica. Um país como a Hungria, de recursos naturais modestos, sem riquezas extrativas, não podia permitir-se construir navios ou tratores em grande série. No quadro do Comecon, a política seguida por Janos Kádár tem visado o equilíbrio do nível técnico e da rendibilidade, do desenvolvimento que aponta para o futuro e da satisfação imediata das necessidades.

A indústria mineralífera foi, a partir de 1972, progressivamente substituída pelos hidrocarbonetos, menos caros e mais atuais. É claro que esta mudança só foi possível graças aos fornecimentos soviéticos de óleo mineral e mercê da construção dos oleodutos Amizade I e Amizade II.

A realização do programa central de computadores tem progredido vigorosamente.

Uma das visitas mais ricas de esclarecimentos e ensinamentos da semana de intenso trabalho que vivemos na Hungria foi a que fizemos ao Gabinete da Planificação Nacional, cujo presidente,

Bereno T. Iván, que é simultaneamente decano da Faculdade de Economia, se encontrava rodeado por alguns dos seus mais diretos colaboradores.

Os aspetos atrativos da cidade de Budapeste, a um tempo forte e grácil, tão pródiga em belezas naturais e em motivos arquitetónicos, desde a aparatosa Praça Engels ao rendilhado cenário barroco de Vörösmarty, às arcadas chamadas de Paris (que, por sinal, lembram Milão), à estátua de Lénine, ao balneário de Király (do século XVI), encimado pelo crescente turco, todo esse manto de delicado esplendor romântico e o próprio facto de haver em Budapeste, como já tínhamos podido verificar, hotéis e restaurantes com um acentuado cunho de intimidade e de conforto, ou mesmo de aparato – eis o que provocou da nossa parte uma primeira pergunta sobre o papel reservado ao turismo na planificação do futuro próximo.

Resposta: «O turismo não representa mais do que um ou dois por cento do nosso rendimento nacional.» Levantou-se já a interrogação: valerá a pena construir equipamentos sumptuários (como é o caso do Hotel Duna, de caráter excecional), para os visitantes ricos do Ocidente, ou investir para satisfazer as aspirações das classes laboriosas? A segunda hipótese prevaleceu, reforçada ainda por um fator muito de considerar: na Hungria há dez milhões de habitantes, mas dispersos pelo Mundo há vinte milhões de húngaros. Ora, não sofre dúvida, segundo averiguações recentes, que muitos dos que abandonaram o solo húngaro após a insurreição de Budapeste, em 1956, são hoje mais favoráveis ao regime socialista da Hungria do que ao capitalismo ocidental. Com esse turismo, sim, há que contar. Está definitivamente removida a alternativa do turismo para elites económicas, em favor do turismo de massas.

Abordámos em seguida a questão da agricultura, um dos ramos da economia nacional que atinge o nível dos países mais desenvolvidos.

Graças à dinâmica das cooperativas e das quintas do Estado (trigo, milho, legumes, criação de porcos e de bovinos – estes, sobretudo, para exportação), a Hungria tem um ritmo crescente de produção de mercadorias. Cerca de 50 por cento dos produtos agrícolas são fornecidos pelas cooperativas. Muitos dos trabalhadores dessas cooperativas cultivam, por conta própria, um exíguo terreno junto da sua habitação. Dessa modalidade de lavoura provêm, ainda, dez a 15 por cento dos produtos, cabendo à exploração puramente individual apenas três ou quatro por cento.

Numa área de cinco a seis mil hectares, contam-se, aproximadamente, três mil explorações de grande envergadura.

A alimentação básica dos húngaros é constituída pela carne de porco, conservas, frangos (15 quilos de galinhas por habitante), compotas.

O planeamento encara com muito otimismo o setor secundário, no qual a produção excede o consumo, pelo que a Hungria exporta muitos produtos acabados para a área económica do mundo socialista. E não só. O desenvolvimento presente da sua indústria química, de máquinas ligeiras de têxteis e confeção leva-a a exportar, também, certos artigos para o Canadá, para Inglaterra, para França. É muito considerável a produção de aparelhos de televisão: cerca de um milhão por ano, dos quais cerca de 80 por cento vão para a URSS e para a RDA. Em contrapartida, a indústria automóvel não está desenvolvida, ao invés do que sucede com os autocarros – 10 000 por ano, muitos dos quais são exportados para 40 países europeus.

A reconversão da economia, que atualmente garante o bem-estar da população, começou – e fez-se sem traumas – no final dos anos 60 e continua a contribuir para o aumento do nível de vida. Não houve despedimentos, mas transferências de operários deste para aquele ramo da indústria, com os necessários reajustamentos, aprendizagens, reciclagens, iniciações.

Um dos grandes problemas, em meados da década de 50, era a questão habitacional. Agora, perto de 14 a 15 por cento dos investimentos destinam-se à construção civil. Pode hoje dizer-se que todo o cidadão húngaro com 18 anos tem, se o desejar, alojamento próprio. Estabeleceu-se um programa de 15 anos para a satisfação dessas aspirações e cumpriu-se.

Há na Hungria três milhões de famílias. Construiu-se um milhão de casas. Pois bem, vai-se encetar novo programa, que visa à construção de mais um milhão e quinhentas mil habitações.

O custo da renda é de cerca de seis florins por metro quadrado, avaliando-se um aluguer normal em dez por cento dos vencimentos mensais do arrendatário. Porém, tomando em conta as zonas rurais, pode dizer-se que em todo o país 70 por cento das casas pertencem a quem nelas vive. O preço de construção de uma vivenda orça os 600 000 florins. A amortização faz-se à razão de 10 000 florins anuais, contribuindo o Estado com o dobro do aluguer, sem o que seria impraticável esta operação.

Vem a propósito assinalar que o Estado despende grandes somas com os infantários.

Setenta por cento das crianças vão para as escolas maternais, mas pretende-se atingir os 90 por cento.

Quinze por cento ou 20 por cento dos bebés beneficiam das creches, mas, se é certo que estas são ainda em número insuficiente, tal facto é compensado pelo pagamento de três anos de trabalho às mães após o parto, considerado este como trabalho produtivo.

As verbas da assistência aumentam mais depressa do que os salários.

Os trabalhadores, cujos salários sobem em média de cinco por cento a seis por cento ao ano, recebem efetivamente 70 por cento de salário direto e 24 por cento de salário indireto.

Segundo os nossos interlocutores, que nos incitaram a confrontar os seus dados e os seus juízos de valor com a opinião e o sentimento do povo nas ruas, a sociedade húngara é já uma sociedade de iguais oportunidades para todos.

O PAPEL DA FRENTE POPULAR PATRIÓTICA COMO MOVIMENTO DINAMIZADOR DE MASSAS

São de Sandor Petöfi, o jovem poeta da revolução húngara de 1848, estas palavras ainda tão atuais: «Chegou a altura de o povo se tornar a nação e de serem por ele, povo, eleitos – e não pela nobreza – os deputados da Dieta.»

Figura apaixonada de artista rebelde, que progressivamente se foi vinculando aos interesses das classes trabalhadoras, Sandor Petöfi compôs os versos do Cântico Nacional que a juventude revolucionária de Peste transformou em hino no dia 15 de março de 1848. Tanto os seus poemas como os diários, os artigos, as peças de teatro e as notas confessionais, ou melhor, o conjunto de todos estes textos e a sua sequência num curto lapso de tempo, mostram-nos como Petöfi, considerado o maior poeta húngaro do século XIX, compartilhou os ideais de independência nacional e de liberdade universal, chegando, na sua procura da justiça, à conceção republicana e comunista da sociedade.

Petöfi morreu apenas com 36 anos, lutando, com o posto de major, na batalha de Segesvar, na Transilvânia, a 31 de julho de 1849.

Pisando as ruas de Peste, onde ele foi o arauto das massas e da sua indignação, li, na tradução de Guillevic, poemas como esse que diz: «Um oceano se ergueu, / o dos povos revoltados: / que apavora o céu e a terra; / O peso da sua força / abre as próprias ondas...» Estávamos à beira do Danúbio, sobre o qual estremecia uma névoa arroxeada e fria. Corremos pela ponte Margarida. Mas nem saltando e esfregando as mãos deixámos de sentir a humidade penetrante do rio. No café-bar onde entrámos, um pianista discreto e um pouco esfíngico tocava de tudo, desde Brahms ao folclore húngaro e eslovaco; e os meus camaradas portugueses, enregelados, punham à prova as bebidas magiares.

Foi muito importante para o conhecimento da realidade política da Hungria a visita que fizemos à Frente Popular Patriótica, que poderia também chamar-se, de acordo com o seu espírito, Movimento de Aliança de Classes para a Construção do Socialismo.

Béla Molnar, secretário do Conselho Nacional da Frente Popular Patriótica, e Robert Lederer, chefe do Departamento de Relações Exteriores, explicaram-nos como e em que medida é a FPP uma forja de quadros políticos necessária ao avanço ideológico da sociedade húngara. Assim, por exemplo, a Frente Popular, que realizou trabalhos muito diretamente relacionados com a constituição da Hungria, lutando pelas e nas várias etapas do desenvolvimento nacional (ou seja, do socialismo desenvolvido), visa a integrar o poder operário e todas as forças progressistas do País (todas as intenções de construção do Socialismo).

Durante a guerra e a resistência e depois no pós-guerra, a Frente Popular foi uma potente alavanca antifascista, cuja ação não podia menosprezar-se nem perder-se. O seu papel histórico não terminou, visto que ela é ainda uma força de união e uma reserva de opinião crítica. Aliás, o Partido Socialista Operário Húngaro (Partido Comunista) requer, muitas vezes, o apoio da Frente Popular como organização de massas. Na Frente encontramos a Associação das Juventudes Comunistas, o Conselho Nacional de Mulheres, a Frente Nacional dos Jornalistas Húngaros, o Conselho Nacional da Paz, a Comissão Húngara de Solidariedade, associações eclesiásticas diversas; em resumo, todos os organismos políticos e sociais existentes na Hungria, com os seus diversos pontos de vista e perspetivas ideológicas. É portanto uma organização aberta, onde lado a lado podem achar-se comunistas e representantes de outros setores ideológicos.

A Frente Popular Patriótica funciona em todas as aldeias, distritos, municípios do país. Tem, na área administrativa de 19 distritos, ou seja, no total do espaço húngaro, 4000 comissões eleitas.

Os elementos da base, eleitos na pequena povoação ou no bairro da cidade, são geralmente as pessoas de maior prestígio local. Nos vilarejos de irrisória ou média população, estas eleições (por quatro anos) fazem-se por sufrágio direto, enquanto nas cidades vigora o sistema da representação, à semelhança da eleição parlamentar. Os 120 000 membros, divididos em quatro «comités» sem qualquer estrutura hierárquica, produzem trabalho gratuito. A Frente Popular é, assim, um movimento organizado de ativistas de base, que se ocupa de problemas culturais, pedagógicos, relativos à situação da mulher ou específicos da juventude. Não recebe ordens, mas apenas sugestões do Conselho Nacional. A escolha e participação dos membros é garantida pelas comunidades de trabalho.

O Partido Socialista Operário Húngaro prepara atualmente o seu XI Congresso. O Comité Central já elaborou as diretrizes que vão ser apresentadas ao congresso e que serão discutidas e criticadas em todos os órgãos do PSOH. Ora, a Frente Popular foi precisamente consultada no sentido de enviar sugestões através do seu Conselho Nacional, constituído por 225 pessoas, que no geral não são militantes comunistas, mas individualidades bem distintas, desde dirigentes eclesiásticos a camponeses, operários, professores, cientistas, diretores de fábricas, jovens, mulheres, etc. Deste modo, a Frente Popular, sem constituir uma oposição, nos moldes de uma democracia burguesa, garante o pluralismo de opiniões e críticas com vista ao bem comum, à correção de quaisquer possíveis erros, equívocos ou abusos.

A Frente Popular Patriótica nomeia um membro do *Praesidium*, que tem permanentemente a possibilidade de destituir os representantes do poder local. Cabe-lhe um papel de organização e mobilização antes das eleições, não só da FPP, mas também dos deputados.

Tem sido, em grande parte, devido à ação da Frente Popular Patriótica que se organizaram eficazmente na Hungria, nos momentos asados, o trabalho voluntário e a luta por melhores condições de vida, de que resultou a construção de creches e de esgotos, a melhoria da assistência médica e hospitalar, etc.

O trabalho voluntário no ano de 1974 (não esqueçamos que na Hungria há pleno emprego e falta de mão de obra) avalia-se em cerca de dois biliões de florins. O levantamento do trabalho voluntário para 1975 atinge a cifra de cinco biliões de florins.

A FPP cria clubes de convívio, centros juvenis, procura congregar e ajudar as pessoas sós, sem família, e acompanha de perto, sem se impor, as famílias com problemas de doença, deficiência física, embriaguez; evita que haja refratários à escola, embora nem sempre consiga penetrar no mundo fechado dos ciganos.

Há 300 mil ciganos na Hungria e deve-se reconhecer que, apesar dos êxitos evidentes do sistema socialista, em muitos indivíduos o preconceito subsiste, quer contra os ciganos, quer da parte destes. No Conselho Nacional da Frente Popular figura, por isso mesmo, uma cigana, o que não resolve, é claro, todas as dificuldades.

Uma das tarefas capitais da Frente Popular, que desempenhou uma função muito importante na aproximação (hoje real) das massas populares e do Partido Socialista Operário desde 1956, consiste em fundar um *forum* para a expressão de grandes problemas nacionais.

PAÍS DA VERDADE E DA LIBERDADE

Apenas um último punhado de impressões, fosforescentes como a cidade de Szeged, de um barroco dourado que o sol já meridional exaltava, quando a vimos surgir no extremo sul da grande planície húngara, de notas e reflexões, com o caráter necessariamente avulso de uma visita breve, embora intensamente aproveitada em todos os instantes.

Szeged, centro cultural e económico, banhada pelo rio Tisza, fica perto do famoso lago Fehér-tó e é a capital dos têxteis, sem prejuízo de um crescente desenvolvimento da indústria da alimentação e até de uma importante implantação de fábricas de indústria pesada.

Recordo a manhã luminosa e fresca em que, muito cedo, visitámos a bela catedral em cujo adro todos os anos se realiza o Festival de Szeged: teatro ao ar livre (os grupos universitários e amadores representam o melhor da vanguarda estética e ideológica da Hungria – não há incompatibilidade entre uma e outra, senão que elas devem ser, para se cumprirem, complementares). As inundações de 1879 arrasaram e tragicamente apagaram os monumentos e os sedimentos de uma antiga civilização. Grande parte da cidade foi reconstruída e, miraculosamente, o timbre persistiu: o tom quente dos edifícios de nobre traça, a graça e alegria dos arruamentos. Cidade de província que não é provinciana. Oitocentos anos de história, 170 000 habitantes, uma vida cultural entusiástica, muitos infantários, escolas, uma universidade excelente, onde passámos três ou quatro horas em livre troca de impressões com professores e alunos.

Era a primeira vez que jornalistas portugueses passavam por Szeged, de onde o interesse pela nossa presença, a afabilidade do acolhimento, a abundância de informes. Tanto nos falam das riquezas naturais – o pêssego, a cebola, os legumes, o pimento – como da revista literária local, «a melhor de toda a Hungria», das estufas de cravos, dos móveis e das porcelanas de Szeged.

É consentido o ensino religioso particular, mas o ensino oficial orienta-se pelo materialismo histórico. Chegam à Universidade 6000 estudantes. Toda a juventude estuda gratuitamente até aos 18 anos. A partir daí, faz-se uma seleção de aptidões muito atenta e exigente, e o regime de bolsas visa a contemplar os mais dotados, não esquecendo os problemas dos filhos de camponeses das áreas menos povoadas, logo menos favorecidos pelo circuito cultural. Esses candidatos são alvo de uma proteção muito especial.

Há em Szeged Faculdades de Letras, Direito, Ciências Naturais, Medicina, Farmácia, Escola Normal, Instituto Biológico, Instituto de Pesquisa de Cereais, Escola Superior de Alimentação, etc. Em suma, a adequação do ensino às necessidades da região.

A prevalência da prática sobre a teoria, sem prejuízo de um alto nível – que pudemos constatar, por exemplo, na Faculdade de Letras – de atualização universal e espírito crítico.

Na literatura subsiste ainda, a nível do «suplemento» ou da revista, a velha polémica entre realismo e experimentação, que no plano universitário está superada em termos corretamente marxistas.

Lukács goza de um renovo nos estudos, e a sua «Estética», cujo último volume data de 1965, é alvo de inteligentes e agudas exegeses.

Pequenas notas: em Szeged fizeram-se transplantações de rins, o prémio Nobel húngaro é natural da cidade. A cibernética está já muito desenvolvida na Hungria.

Visitámos uma fábrica-piloto de incremento tecnológico, no campo dos têxteis, a Szegedi Ruhagyár. Diretor: Sandor Szabo; secretário do Partido: Jozsef Bereng.

Três mil e seiscentos operários, dos quais 80 por cento são mulheres. Moças, no geral, bonitas e alegres, vestidas com garridice – minissaias, tons quentes –, olhos orientais ou tipos germânicos; uma ou outra cigana, de atitude mais esquiva.

Trezentas crianças na creche. Em 45 minutos faz-se um fato.

As percentagens da exportação do pronto-a-vestir são de 12 por cento para os países socialistas, 30 a 35 por cento para os países capitalistas.

Os trabalhadores intervêm ativamente na planificação e decidem como e se devem dividir-se os lucros ou reinvestir.

O diretor da fábrica é, muitas vezes, um operário que percorreu diversas secções e, pela sua produtividade, foi considerado merecedor de um curso de especialização que lhe permite chefiar com competência, sobre o conhecimento que já possui dos problemas humanos e profissionais dos trabalhadores.

De novo em Budapeste. Agora, o Sol, o céu de um azul mineral, barcos no Danúbio, desfile barroco dos *boulevards,* uma noite a ver viver o povo. Como se divertem os húngaros, tomando gelados, dançando, bebendo *vodka* ou os vinhos das suas colinas setentrionais, o refinado Tokaji.

Janos Nagy, vice-ministro dos Negócios Estrangeiros, ao receber-nos, saúda a nossa libertação e a integridade do processo de descolonização. Fala da Segurança e Cooperação Europeias. Berlim deixou de ser um paiol de pólvora e o boicote à RDA foi suprimido. Todavia, no seio da Conferência, manifesta-se o combate entre os partidários e os adversários do desanuviamento. «Não é só a habilidade dos diplomatas que está em jogo: a Conferência é um campo de batalha da luta de classes internacional. Nalguns dos países membros do Mercado Comum havia uma falsa conceção, segundo a qual a Conferência de Segurança e Cooperação interessaria sobretudo aos países socialistas, que estariam dispostos a fazer concessões de princípio. Ora, os países socialistas consideram a Conferência importante, são pacientes, mas não estão dispostos a pagar qualquer preço. O interesse é de todos.»

Outra afirmação importante: «É evidente para nós que a queda do fascismo em Portugal influenciou toda a Europa, favorecendo o progresso social.» Mais adiante: «Há uma estreita interdependência entre a Europa e o resto do Mundo, mas temos de ir por partes [...] Lénine provou que é possível fazer a revolução num só país.»

«Pode a crise do capitalismo favorecer o avanço deste processo?»

«Pelo menos, o bom senso ditaria que nesse período de crise os países capitalistas alargassem as suas relações com os países socialistas, de economia estável. Podem-se estabelecer acordos bilaterais. Mas nem sempre é o bom senso que prevalece nas relações internacionais. Dois meses depois da conclusão de um acordo tem acontecido as empresas ocidentais denunciarem-no, alegando a alta de preços...»

Numa das últimas tardes que passei em Budapeste, sempre em movimento, visitámos a sede do Partido Socialista Operário Húngaro, onde cordialmente nos receberam alguns camaradas responsáveis. Evoca-se o processo histórico: a primeira fusão (mas a nível de cúpulas) do Partido Comunista e do Partido Social-Democrata durante a República dos Conselhos Húngaros em 1919; depois a fusão completa, em 1948. Fala-se da política do Governo Húngaro no domínio económico: ligação com o Comecon e com a URSS, sem prejuízo de uma autonomia que todos podem observar, baseada num sistema de gestão económica estritamente adequada às particularidades do país. Mesmo no domínio da política internacional pode falar-se de especificidade, aceitando embora a Hungria o Tratado de Varsóvia.

À Hungria cabe, sem se desviar da pureza do marxismo-leninismo, servir de ponte entre o Ocidente e o Leste.

«Lutamos pela coexistência pacífica, sem concessões ideológicas.»

«Não aceitamos o conceito burguês de liberdade, mas temos o nosso conceito de liberdade. O Ocidente capitalista tenta provocar a discórdia no seio dos países socialistas e, isso, recusamo--lo. Elaboramos a nossa política própria, de acordo com o bloco socialista. Temos uma Imprensa franca e crítica, sem censura. Não impedimos que se ouçam na Hungria as emissões de rádio dos países ocidentais. Podemos suportar o confronto e a discussão ideológica. A política do PSOH não tem que se esconder. Os jornalistas até já tomaram conhecimento das propostas do nosso congresso, que foram tornadas públicas. Solicitámos nós próprios a discussão.»

«Tivemos de comprar matérias-primas aos países ocidentais, mas o Comecon tem conseguido evitar a inflação. A nossa economia é sã. Antes de 1956, os jornalistas eram considerados indesejáveis; agora não; todos os comunistas vivem a nossa tarefa comum de construção do socialismo. Não ocultamos os problemas.»

As frases entrecruzam-se. Falaríamos dias inteiros, se fosse possível. Assim, recolho as palavras capitais: «A abertura é uma característica húngara de que nos orgulhamos.» Outro dirigente: «A direção do Partido não era sincera antes de 1956. Participei nas visitas de Kadar a Moscovo. O ano de 1975 exige prudência, talvez uma guinada para a centralização, surgem novas necessidades, há que ajustá-las a novas condições. Queremos chegar à plena sociedade socialista desenvolvida. E chegaremos!»

III

ALFONSO SASTRE

CONSCIÊNCIA DA ESPANHA DEMOCRÁTICA

Sastre está preso. Sastre é o maior dramaturgo de Espanha, aquele que foi capaz de enfrentar o problema da liberdade pessoal, de denunciar os crimes do fascismo nas suas peças (que obedecem a um curioso tipo de investigação, simultaneamente ontológico e policial). Acima de tudo, este dramaturgo, «difícil» para a burguesia espanhola, habituada ao teatro digestivo, problematiza a existência em termos filosóficos e políticos.

As suas peças originais – *A Cornada, Ana Kleiber, Guilherme Tell Tem os Olhos Tristes, Morte no Bairro, Esquadra para a Morte, O Pão de Todos, A Mordaça, O Corvo* – marcam a transição de um neorrealismo de mera denúncia social para um teatro não menos empenhado na transformação da sociedade, mas também catártico e trágico. Teatro de primeira grandeza, que, numa perspetiva dialética, cria situações exemplares (ou situações limites) de modo a desvelar a realidade de Espanha, por vezes alegoricamente, sujeita a um permanente devir.

Teatro de situação, mas não sartriano, dado que nele a fenomenologia apenas serve o desnudamento total do homem, sempre «situado» económica e socialmente de acordo com a visão marxista.

Alfonso Sastre, cuja mulher, Elizabeth Forrest, é acusada de terrorismo, tem-se dirigido, em nome da intelectualidade espanhola, aos carrascos do seu povo.

É ainda o autor de contos fantásticos e poéticos, na linha de Edgar Allan Poe. Porém, mesmo nesses contos, que são do melhor que a nova literatura espanhola nos deu quanto à invenção de moldes e formas, no sentido da obra aberta, está sempre patente a repulsa pela ordem autocrática, o grito de angústia contra a opressão, o cântico da esperança, mesmo nas expressões de protesto que parecem mais desesperadas.

Do silêncio da masmorra, a voz de Alfonso Sastre continua a chegar-nos. Em defesa da dignidade humana. Em defesa da inteligência. Em defesa do povo espanhol.

IV

PEDRO SOARES

PERFIL DE UM LUTADOR E DE UM HOMEM BOM

A sua bondade de raiz, a sua afabilidade, a sua ternura – sem pieguice –, a sua entrega à amizade, a sua simpatia pelos jovens, isenta de paternalismo, não afetavam a firmeza e o rigor das suas convicções de comunista, a sua permanente disponibilidade para o combate.

Essa síntese como que de duas naturezas numa só é rara, e Pedro Soares era a sua viva ilustração. Alentejano vertical, filho de revolucionários, desde muito cedo lançado na batalha política, tinha da vida, do sofrimento, da resistência à tortura e à erosão do tempo, da superação das próprias condições físicas, no cárcere, na clandestinidade, no trabalho intenso a que nunca se poupara, uma experiência muito vasta e certamente dolorosa. Mas dessas provas a que fora sujeito retirava ele as suas certezas. Não que fosse um dogmático, bem pelo contrário. Mas há certezas cravadas na carne e no pensamento sem as quais a luta não poderia ser tão absoluta como é, como tem de o ser. Pedro Soares, esse homem de aspeto cansado, de traços suaves, de voz serena, tinha escolhido a fraternidade total e consagrou toda a sua existência à revolução. No Partido Comunista encontrou a carne da palavra fraternidade.

Conviveu no Tarrafal com Bento Gonçalves, por quem tinha um verdadeiro culto. Dele me falou longamente, da sua inteligência e engenho, do seu fervor revolucionário, numa noite em que eu vinha ao volante, a seu lado, após um comício, da Chamusca para Lisboa, com a Maria Luísa Costa Dias e uma jornalista estrangeira dormitando na parte detrás do carro.

Com Pedro Soares convivi afetuosamente, não me cansando, eu, sempre apaixonado por estórias vivas, reais, de o ouvir narrar-me as suas fugas, sobretudo a de Peniche, com outros membros da direção do PCP. Falava-me de outros tempos, de homens que para mim haviam sido figuras míticas, da sua singeleza e da sua coragem, da humildade que entre eles era norma. Quando saiu o livro *Até Amanhã, Camaradas*, o primeiro das Edições Avante!, quase descobri o Pedro Soares numa das personagens, que fazia das fraquezas forças, que excedia tudo o que dele parecia poder-se esperar.

Mostrei-lhe escritos meus, com pedido de opinião crítica. Devolveu-mos com notas miudinhas à margem, a lápis. Nunca uma rasura. Apenas sugestões, que eram pertinentes e por isso acatei, aceitando da sua cultura e prática política o conselho discreto e útil.

Quantos de nós não perdemos, com infinita mágoa, em Pedro Soares, além de um animoso camarada, um amigo generoso e constante. O nosso «adeus, companheiro», no salão nobre do Pavilhão dos Desportos, foi silencioso e triste.

Duas urnas alinhadas no espaço obscuro, cobertas com a bandeira do Partido. Em torno, o desfilar do povo e uma surda revolta contra a morte brutal que nos privou de Pedro Soares e de Maria Luísa Costa Dias. Para Maria Luísa, sua vibrante lealdade, sua finura de visão, sua saúde frágil, sua chama interior, apenas uma saudade, que prolonga a estima antiga, de quando escutava seu irmão Augusto, escritor antifascista (dos mais dotados) e meu companheiro de trabalho, enumerar tudo o que ela estava penando em Caxias, enferma, segregada e humilhada, até que conseguimos, com a pressão do nosso protesto coletivo, fazê-la tornar à vida, que a deixou agora para sempre.

De qualquer forma, uma certeza mais: duas existências se cumpriram, quaisquer que tenham sido as condições da sua morte, na grande batalha pela vida, pela liberdade, pelo parto do futuro.

MARCHA FÚNEBRE MAS DE VITÓRIA

Forjar mitos é uma coisa; entrar a porta da história, naturalmente, pelo valor provado, pela entrega absoluta a uma causa, pela tenacidade na luta, pela coragem quotidiana que desfecha em drama, é bem diverso.

O fantástico enterro – fantástico não será aqui superlativo semântico – não me lembra que tenha paralelo, entre nós, nos últimos anos.

Os restos mortais de Pedro Soares e Maria Luísa da Costa Dias trouxeram às ruas e praças de Lisboa uma imensa e grave multidão, tão claras, tão presentes na nossa memória estavam, e estão, as suas imagens de patriotas, de antifascistas de vida inteira, de comunistas empenhados a fundo na transformação do capitalismo monopolista de estado numa sociedade justa, vertebrada e fraternal, sem exploradores nem explorados. Num canto do Mundo onde seja, de facto, o povo «quem mais ordena».

Começou o desfile vasto e silente no Pavilhão dos Desportos. As bandeiras rubras do Partido Comunista Português iam enroladas, algumas com crepes negros, sobrevoando o oceano de gente. Certos minutos são folhas de amargura nos rostos crispados, nas mãos que fortemente se estreitam. De onde veio todo este operariado de olhos secos, mas que acendem fogueiras ao longo da Avenida? Da Avenida Fontes Pereira de Melo, bem burguesa, bem Valmor, com mariposas nos terraços, que são jovens de braços em cruz olhando para baixo. Vieram do Beato, de Chelas, da Damaia, de Loures, de Moscavide, do Barreiro, de Torres, de Sacavém, vieram das escuras oficinas da cidade, dos morosos escritórios – e caminham, em filas cerradas, de braço dado, entre coroas de flores, neste crepúsculo já a apagar-se.

Passamos, de punho erguido, sob a Embaixada de Cuba. Pedro Soares, quantas vezes falámos dos cravos que anoitecem para ressurgir e da Playa Girón que não queremos vir a ter?!

Amigo, o povo, de coração triste, veio ao teu funeral. Mas a tristeza tornou-se fogo, mesmo no cansaço da caminhada, porque já não íamos num préstito fúnebre, mas numa prodigiosa afirmação de vigor do nosso Partido. Inundámos a Morais Soares. Muitos de nós já nem pudemos entrar no cemitério. A dor convertera-se em confiança. Mãos unidas. Amigo, não morreste. No rio da história se projeta o teu comportamento, o sonho que sonhaste e vai ser nosso, forma superior de matéria, pensamento-ação. Bandeiras como papoilas, pregadas no começo da noite.

Os nossos passos. Vermelhos do teu sangue os gritos que não damos. O sol a acabar. O de hoje apenas. A noite que começa tem fome de esperança, da igualdade e do martírio que foi o incêndio da tua existência transcorrida em prisões, no Tarrafal, em exílios, na longa, podre espera (mas bravia) da mensagem do clandestino ao clandestino.

Corola aberta, Lisboa voltada ao Tejo, separamo-nos mudos e cheios de vozes interiores. Pedro, há momentos em que o lugar-comum tem a nobreza das frases mais originais. E o que mais gostarias de ouvir, por certo, é este slogan-grinalda da luta coletiva com que o povo, este jovem, aquele velho, aquele outro trabalhador, esta mulher de traços doces se apartam uns dos outros e de ti: «A vitória é nossa, a vitória será nossa!»